V

DURS GRÜNBEIN

PORZELLAN

POEM VOM UNTERGANG MEINER STADT

SUHRKAMP

Für meine Mutter

W. Hahn Dresden — Dresden, v. d. Zerstörung 1945, Blick v. Westen — 10533

»Mein Vögelchen kömmt nicht.«
Immanuel Kant, 1803

1

Wozu klagen, Spätgeborner? Lang verschwunden war
Die Geburtsstadt, Freund, als deine Wenigkeit erschien.
Feuchte Augen sind was anderes als graues Haar.
Wie der Name sagt: du bist zu flink dafür, zu grün.
Siebzehn Jahr genügten, kaum ein Jugendalter,
Auszulöschen, was da war. Ein strenges Einheitsgrau
Schloß die Wunden, und von Zauber blieb – Verwaltung.
Nicht aus Not geschlachtet haben sie ihn, Sachsens Pfau.
Flechten wuchsen, unverwüstlich, über Sandsteinblüten.
Elegie, das kehrt wie Schluckauf wieder. Wozu brüten?

2

Klar die Frostluft: unterm Flügel, Augenweide,
Lud der Fluß, ein schlankes S, die Bomberstaffeln ein.
Nachts der Stadt blieb keine Zeit, sich anzukleiden.
Besenhexe kocht. Kocht Glas, Metall, Asphalt und Stein.
Bombe, Bombe – blankpoliert, fiel durch den Schacht
Tonnenweise Schrott in den Mätressenschoß.
Augusts Pracht ... »Nie gutzumachen, diese Nacht«.
Schwarz vom Phosphorbrand: das sandsteinhelle Schloß.
Spaniens Himmel flammte auf, und Coventry und Guernica.
Von der Bella *ante bellum* – nichts mehr da.

3

Sprich mir nach: es braucht nicht viel, aus einer Stadt
Eine Mondlandschaft zu zaubern. Oder Kohle
Aus den Menschen, die da wohnen. Stell dir vor: es hat
Eine Opernpause nur gedauert, Zeit zum Zigarettenholen,
Und auf Straßen, Todesfallen, brodelte der Teer.
Eben Frost noch, blau am Fahrradlenker klebt die Hand,
Schon herrscht Wüstenwind, fegt übers Häusermeer.
In den Wintermänteln, pharaonensteif, sind sie verbrannt.
Heißer war kein Sommer je. Der letzte Luftalarm
Kaum verebbt, da war im Zentrum noch die Asche warm.

4

»… 2000 Centner von der guten Porcellan-Massa …«
Johann Friedrich Böttger, Sächsischer Hof-Alchemist

Porzellan, viel Porzellan hat man zerschlagen hier,
Püppchen, Vasen und Geschirr aus weißem Meißner Gold.
Doch nicht dies nur. Ach, *es war einmal* – ein Klirren,
Und als Donner kam es auf den Tatort zugerollt.
Nein, kein Polterabend war, was Volkes spitze Zungen
Die *Kristallnacht* nannten, jener Glückstag für die Glaser.
Bis zum Aschermittwoch später war da nur ein Sprung.
Narr und Nazi hatten, heißa, ihren Heidenspaß.
Unschuld, sagt ihr? Lag die Stadt nicht längst geschändet?
He, wo seid ihr, Dresdner Schäferinnen, *german bands*?

5

Leise, jedes Jahr im Februar trifft von weit her
Einen Nerv der Loreley-Ruf *Dresden, Dresden …*
Stummfilm: nachts im Fernsehn ist sie wieder unversehrt
Archiviert, die Stadt, und kann dich doch nicht trösten.
Wochenschau, da gehn sie hin, Passanten. Keiner ahnt,
Was dann geschah. Flaneure, schlanke Damen, Invaliden.
Da am Postplatz, sieh nur: Fuhrwerk, Fahrrad, Straßenbahn.
Eine Kino-Welt mit lauter Dietrichs, Buster Keatons.
Nur Germania hält, am Altmarkt thronend, tonnenschwer,
Eine Wagner-Diva, herrisch sich aus dem Verkehr.

6

Laß sie ruhn. Wirst nicht mehr finden, was du suchst.
Ordinär, die Kriegsversehrte hat sich taub gestellt.
Nur der Körper kommt hier, ein Inspektor, zu Besuch.
Mutters Mutter, wenn sie traurig war, hat viel erzählt
Von der Stadt im Tal, der heiteren, im Schönheitsschlaf.
Nein, Erinnerung, der Vorrat an Legenden
Ist längst aufgebraucht, und jede Heimkehr wird bestraft.
Vor dem Friedhofstor der blinde Greis mit leeren Händen
Muß nicht hinsehn. Jedes Haus, das dort einst stand,
Kennt der Alte. Alles, was im Feuersturm verschwand.

7

Ist ein Wunderding, kaum daumennagelgroß, ein Kern,
Ausgespuckt von einem Kirschendieb – mehr nicht.
Hab als Kind ihn lang betrachtet im Museumslicht,
Unterm Lupenglas, ein Kleinplanet, auratisch fern.
Großtat eines Juweliers. Ins harte Holz geschnitzt:
Augen schreckgeweitet, lauter schreiende Gesichter,
Ein Inferno auf der Nadelspitze, Tröpfchen, glitzernd.
Kaum zu fassen, da – *in nuce* – war verdichtet,
Was der Stadt bevorstand demnächst – zum Emblem.
Dresden selbst war jener Kirschkern, aus dem All gesehn.

8

»… I did say yes
O at lightning and lashed rod …«
Gerard Manley Hopkins /
The Wreck of the Deutschland

Schwarzer Schnee. Die Kindheit hat erst angefangen.
Dresden ruht, die ruinierte Stadt, ruht stolz sich aus.
Elbe, träger Fluß, früh auf den Leim gegangen
Bin ich dir. Sah, schlammumspült, das Elternhaus.
Sandstein, Kuppeln – weiß bestäubt, im Winter flößt,
Leidgeprüft, die Stadt mir Scham ein, nichts als Scham.
Rubens, Rembrandt, Raffael – und dann die Blöße …
Dieser Untergang, der Schund der Melodramen.
Wie lang mag das her sein? Habs vergessen, Leute.
Weiß für Nimmerwiederkehr ein Wort nur: heute.

9

»Darum schließe ich zuweilen die Augen und denke an Dresden – «.
Heinrich von Kleist, 1801

Todgeweiht: was für ein Bettelwort. Ein Feigenblatt
Für so manche Hybris, was? Für Blindheit und Bombast.
Soll das heißen, ihre Strafe hat sich ausgerechnet diese
Schönheitstrunkene verdient, die eine stolze Stadt?
Nur die Brunnennymphe, Atlas, seiner Sandsteinlast
Endlich ledig, darf so sprechen. Rübezahl, der Riese,
Vom Gebirg herab, der Jungfrau Elbe folgend,
Stieg er, keuleschwingend, Kraftprotz aus den Sagen.
Diese Kuppeln, Backform für den Hefeteig aus Wolken,
Träumten selbstvergessen noch, als sie zertrümmert lagen.

10

Komm, beruhig dich, *greenhorn.* Nicht dabeigewesen
Bist du, als die Herrlichkeit versank. Was Mutter sah,
Kaum fünf Jahr alt, wirst du nie in ihren Augen lesen.
Weltkrieg, Trauma – nichts davon bewahrt die DNA.
Lösch, was du von Kind an hörtest: »Arme Stadt« –
Den Familienseufzer. Du, der Unverwandte.
Dresden, Dresden, weißt genau, wer es zerdeppert hat.
Nicht der Tommy war es, Uncle Sam. Die eigne Bande
Gab ihn auf, Geburtsort, für ein Linseneintopfmahl.
Obs noch weh tut? Nur der Zaungast fragt so, Stadt im Tal.

11

Ja, es tut noch weh. Geschluckt ist sie, die Kröte –
Doch verdaut niemals. Das alte Schamgefühl erwacht
Nach ein paar Takten schon aus Mozarts Zauberflöte.
Dann kehrt sie wieder, sternenklar, die Februarnacht.
Nie gewöhnt man sich daran. Aus allem hören
Die Leute hier – wie Papageno stotternd, Papagena,
Den Dreiklang noch, den ewiggestrigen: Zerstörung.
Und in der Luft liegt, süßlich, das verhaßte Thema.
Von wegen Tragik, pah! Wo, wenn nicht hier, war man
Der Hans-im-Glück, dem Zeit nichts nehmen kann?

»Die Elbe verlor sich aufwärts und abwärts im Nebelgrau ...«
Carl Gustav Carus, 1814

12

Gell, da staunt ihr? Was denn, fragt sich der Tourist,
Das soll Dresden sein, Venedigs Schwester, Elbflorenz?
Dies Provinznest, in Beton ergraut, sowjetisch trist?
Arme Stadt, ich weiß, läufst heute außer Konkurrenz
Unter all den Schönen, die der Krieg verschonte.
Woher rührt sie, wütend, meine Liebe? Alles lacht,
Wenn sie sächselnd von ihr schwärmen, die Bewohner.
Jeder hier ein kleiner Kurfürst, um den Thron gebracht.
Was ihm blieb ... Viel Spielraum für die rege Phantasie.
Genius loci, ihn, der alles restauriert, errätst du nie.

13

»Ist weiterer Schaden entstanden, dann
mußt du geben: … Brandmal für Brandmal …«
Exodus, 21

Arthur, quäl dich nicht. Du hast nur deine Pflicht getan.
Beim Duell, wohl wahr, brauchts Nerven, Augenmaß.
Blitzkrieg, das war Moses: Aug um Auge, Zahn um Zahn.
Warst nur eisern, bibelfest, sonst nichts. Hast sie erfaßt,
Diese Hunnen, Nibelungen, ach was – Antichristen.
Einem Briten muß man nicht erklärn, was Fairness heißt.
»Acts of terror«? Memorandum. Dein Premierminister –
Wie Pilatus ging er, clever, auf Distanz. Und blütenweiß
Steht er vor der Nachwelt da. Nur du hast den Salat,
Terror-Onkel, Bingo-Bomber, Schreibtisch-Luftpirat.

14

Was denn, nicht genug damit? Am siebzehnten April
Weckt Alarm die Hinterbliebenen in den Ruinen.
Frühling, Schattendasein. In die Friedhofsstille
Platzt aus heiterm Himmel ein Geschwader Killerbienen.
Flying Fortress heißt die Geißel, und sie nimmt sich Zeit.
Alles ruhig da unten, Apathie, kein Flakrohr bellt.
Wälder, Autobahnen, dort – ein Trümmerfeld. »Allright!«
Und im Handumdrehn versank da eine Welt,
Blieb von Dresden ein Stück heimischer Prairie.
. . . .
Der aus der Zukunft kam, *ex machina*, ihm sei verziehn.

15

Nach Vollendung des Wiederaufbaus
der Frauenkirche, 23. Juni 2004

Damals, heute … Unablässig schwingt sie hin und her,
Die Erinnerung, ein Pendel. Sieh dich vor, es kürzt
Retardierend dir dein Leben, macht es unnütz schwer.
Bist beeindruckt, wenn du hörst, sie sei erst eingestürzt
Tage später, als der Spuk vorbei war, aufrecht bis zuletzt.
Frauenkirche: wahrlich Frau war sie. Gab ihren Lieben
Etwas Zeit noch, sich zu sammeln. Schwerverletzt,
Lange ist sie so, gebrochnen Rückgrats, stehngeblieben.
Vorher, nachher … Die Zäsur ihr Sturz. In all den Jahren
Die Lektion war: so wie sie die Haltung wahren.

16

Dieses Bild bleibt unvergeßlich: wie dort Luther stand.
Ringsum Brachland, scheues Grün, und unterm schnöden
Himmel, ein *Memento* für den fast vergeßnen Brand,
Hielt ein Fensterbogen Wacht in der urbanen Öde.
Weißt du noch? Sehr einsam, rußgeschwärzt, der Risalit,
Lautlos stöhnend wie das O in Torso … Chor … Barock.
Einer dieser Splitter, und man trägt ihn unterm Lid
Mit sich fort ein Leben lang. Und doch, der wahre Schock
War nicht sie, die Kirchruine, seine letzte These –
Daß da Schafe weideten, als wär hier nichts gewesen.

17

Jener Schriftzug ist es, Hogarths Schnörkel da im Dresdner Tal,
Der als letzter sich vergißt. Er schreibt sich fort und fort
Durch die Chronik wie der Name Assurbanipal.
Hier geschah es. Was? Das Unaussprechliche ... *O Lord.*
Venus, stellt euch vor, so weit ins Nebelland veirrt,
Sucht ein Plätzchen, wo sie Ruhe hat auf ihrer Flucht
Durch Europa, und verwandelt sich – in Porzellangeschirr.
Die gekreuzten Schwerter sind, man kennt es, ihr Signet.
Teures Erbstück, die Familie präsentiert es dem Besuch.
Teller, Tassen, alles wird hier um- und umgedreht.

18

Elbtal, zwischen Hügeln, siebenbrückig, traumvertraut,
Kannst im Schlaf die Stadt abtasten, was? Wie Polyphem
Seine Schäfchen in der Höhle. Kennst von Hellerau
Bis nach Cotta jedes Grundstück wie sein Sternsystem,
Heißgeliebt, der Astronom. Das Kind im Dresdner Zoo
Hätte blind den Weg gefunden zu den Pinguinen.
Familiäres Glück wirkt fort, heißts. Unglück ebenso.
Schließ die Augen, und das erste, was du siehst: Ruinen,
Noch nach vierzig Jahren, in die Netzhaut eingebrannt.
Kennst den Stadtplan wie die Linien deiner Hand.

19

»Es dunkelt schon die Luft …«
Eichendorff

Schlafenszeit. Wie oft hast du aus Mutters Mund
Dieses Zauberwort gehört? Es war der Schlußakkord
Nach dem letzten Lied. Da half kein Aber mehr, kein Und.
Zugeklappt das dicke Märchenbuch, schon war sie fort.
Tiefes Dunkel, und das Kind dort im zerwühlten Bett
Fing zu grübeln an. Wo bin ich hier? Wie war das noch:
Blutwurst sprach zu Leberwurst, wenn ich dich hätt'…
Damals war es, daß das Einzelkind den Braten roch.
Still begreifend, daß es sterben würde wie im Krieg
Dresden, Dresden … wehrlos in den Schlaf gewiegt.

Überhaupt, Erinnerung. Das kommt aus Hirnregionen
Und kehrt zurück dahin. Und Herkunft, Heimat sind
Ein Häuflein Sand in einer Wanderdüne aus Neuronen.
Blind, von Kind an folgt man, seit sie auf der Rinde
Eingezeichnet sind, den frühen Wegen. Ortssinn meint:
Nicht dort draußen spielt sie, die Musik – im Schädelinnern.
Hier, *mémoire involontaire*, hier geht sie aus und ein.
Wie Gedankenlesen ist das, wenn aus Regenrinnen,
Nachts am Tresen Dresden aufersteht … ein ferner Gruß,
Über Zeit und Raum hinweg – aus Hypothalamus.

21

Nichts mehr davon. Schau nach vorn, und alles Weitre –
Nimm es leicht wie Hofnarr Fröhlich. Nimms als Witz
Wie das Lächeln Seiner Majestät, des Goldnen Reiters.
Scheiß drauf, Sperling du, auf Augusts Schulter sitzend,
Für Sekunden. Gönn dir aus der Vogelperspektive
Diese Bombenaussicht auf den Flickenteppich Stadt.
Weißt wie ich, mein kleiner Krümeldieb, den keiner rief:
Sie hat hinter sich, was manche Stadt noch vor sich hat.
Ach, Geschichte. Das verwischt, mit jedem Tag Azur,
Die Geburtenrate … Warum trauern, Frohnatur?

22

Wirrer Traum, der zwanghaft wiederkehrt: ich bin dabei,
Anonym, ein stummer Zeuge, in der Bombennacht.
Was, wenn du das warst, der Engel in der Haut aus Stein,
Arme ausgebreitet, die Figur dort auf dem Kirchendach?
Unten sinkt die Stadt in Schutt, nur er bleibt unversehrt,
Von der Glut gehärtet, Asche auf den kalten Lippen.
Diese Ohnmacht: niemand hört dich, in ihn eingesperrt.
Sind das Menschen, prasselnd da wie Eßkastanien
Zwischen Straßenbahnen, ausgeglüht bis aufs Metallgerippe?
Wirrer Traum: nichts dringt heraus aus diesem Cranium.

23

»Keine Träne für Dresden«

Sachen gibts … Nicht wahr, gebeugter Zeitungsleser? Du
Weißt längst Bescheid. Bist für das Schlimmste präpariert.
Kennst die Pflanze, die den Käfer frißt, und auch die Kuh
Mit zwei Köpfen, und den Kinderschänder froh beim Bier.
Alles Ungeheure winkt dir druckfrisch morgens zu,
Mit dir rechnend, Zeitgenosse. – Wie erst gestern das.
Linke Buben, sprich Studenten, brechen ein Tabu:
»Thank you, Harris!« heißt ihr Gruß zum Weltkriegstag.
Ach, die Arme, denkt man sich, versteht sie keinen Spaß –
Liest man von der Dresdnerin, die auf Verhöhnung klagt.

Steig hinab, noch einmal, in den Luftschutzkeller. Sieh:
Deine Vorfahrn, eng gedrängt, in ihrem letzten Hemd,
Volksgenossen, Geiseln einer Massenhysterie.
Wie sie fluchen, schluchzen, eben noch total enthemmt,
Wenn der Führer, im Mercedes der Messias, kam.
Festtag war das, Reichsparteitag für die Seele:
Einmal Jubel, Selbstauflösung – tausend Jahre Scham.
Noch sang Zarah »Davon geht die Welt nicht unter«.
Radio Satan übertrug das übliche Krakeelen.
Nur die Tippse, der Bürohengst hofften auf ein Wunder.

25

»der Stechschritt erlahmt,
Odessitka«.
Paul Celan / Fadensonnen

Denk an Warschau. Eine Stadt, aus Rache *plattgemacht*,
Als es hieß: »Wir hauen ab, eh uns die Russen holen.«
Finstre Fritzen, Nachfahrn manche jener Untertanen,
Deren Fleiß dem Mann zu Glanz verhalf und Pracht,
Der in Sachsen Kurfürst war und König aller Polen.
Blitzkrieg, hei! – Das walzt ein paar berittene Ulanen,
Wahrhaft ritterlich, mit Panzern nieder. Dann der Dreh:
Heim ins Reich die Flucht. Doch erst das Ghetto *ausradiert*,
Flammenwerfer an die Kirchen, Minen ausgesät …
Augusts Schloß, bis zwölf hat da das Lumpenpack furiert.

Wie die sanfte, deine Muttersprache, schweigend
Alles schluckte: die Schrapnells, die Splitter, Scherben.
Ihr Entsetzen, nur im Volkslied konnte sie es zeigen,
Leis die Furcht vor all den funkelnagelneuen Verben.
LTI … – wie man hineinbrüllt, schallt es aus dem Wald,
Frisch und fröhlich, feixend aus dem Eichenschatten.
Aufgerollt wird da, sich *durchgeboxt* und *abgeknallt*,
Wo das Maul mobil macht, nach den Megaphonen greift.
Zackzackzack! Potz Blitz! So klingts, wenn Ratten,
Übersetzt in Menschenlaut, aus ihren Löchern pfeifen.

27

»Dummer Junge. Fragst, was macht der Mann denn da
Mit der Stange auf dem Seil? – Er hält sich fest.«
»Aber Vater, wenn er sie nun fallen läßt?«
In der Zeitung liest man, anderntags, was dann geschah.
Keine Sorge, meistens schwebt er dort wie angeleimt –
Balancierend, während unten manchem schwindlig wird.
Oder Goethe. »Ob sich gleich auf deutsch nichts reimt«,
Staunt er kindlich, »reimt der Deutsche kräftig fort.«
Der *Entreimte*, in den Abgrund starrend, lauscht verwirrt,
Wie es drunten, selig-sinnlos, weitersummt, das Wort.

28

Porzellan: schau an, so früh schon war das Kind gebrannt,
Wie der Stoff, aus dem man Körbchen formte, Elfenhaar,
Dies Biskuit für Brüssler Spitze, festes Edelweiß.
Armer Kerl, *Dukatenscheißer* hat man ihn genannt,
Den Gefangenen des Königs, Meister der *fragilità*.
Selber schuld, wenn einer Gold, aus Dreck gemacht, verheißt.
Was er fand, statt dessen, war ein zweites Crêpe de Chine,
Das die Erde hergab. Immerhin, ein schwacher Trost.
Wie ein Gongschlag klingt das noch herüber: Kaolin.
Legt aufs Elbtal, seine Hügel, einen Hauch Fernost.

29

Welche Zierde: schneeweiß wie Aurora nach dem Bade
Steht dort auf der Tafel, appetitlich das Geschirr.
Wie der Kaffee mundete, der Tee, die Schokolade,
Trank man sie aus Tassen, die so lieblich klirrten.
Kännchen, Butterdosen, rosig transparente Schalen –
Wie der Cosel Nacken, ihre Ohrenmuscheln zart,
Aus der Werkstatt Kaendlers und von Eberlein bemalt.
Porzellan, sie alle waren in das Schaumgebäck vernarrt.
Scherben bringen Glück. Doch schöner anzuschaun –
Wie Fatimes Haut war, makellos, dies Steinzeugbraun.

30

Polterabend. Unvergeßlich, Topf und Tassen fliegen
An den Bordstein, von Erwachsnenhand geschleudert.
Dann der Kuß, wenn Braut an Bräutigam sich schmiegt –
Eine Ewigkeit, und die beginnt ab heute.
Dieser Augenblick … nie mehr zurückzuholen,
Weiß die Tante, und der Onkel denkt sich seinen Teil.
Schade nur um Urgroßmutters Kasserolle,
Was kann sie dafür? Noch sind die Turteltäubchen geil,
Sprich verliebt, denkt sich der Photograph und mahnt:
»Bitte lächeln.« Großer Pan, das gute Porzellan.

31

Spinnwebfein, im jüngsten Sonnenlicht, was flirrt,
Was spiralt da in der lauen Dresdner Luft? Stanniol?
Komm, erinnre dich. Dem Kind, von Mutter angeschirrt
Zum Spaziergang, war der blaue Himmel übervoll.
Zwischen all den Pusteblumen, Luftballons und Drachen
Sah man etwas, stahlstaubglitzernd, fallen.
Nicht zu fassen war das, mußtest grundlos lachen.
Mußtest blinzeln wie zur Weihnacht vorm Lamettaglanz,
Diesem eisigen. Was war das? Spritzer von Metall?
Warn es Eisenspäne, die da auf der Nase tanzten?

32

»... gezeichnet in Cavalier-Perspectiv ...«

Altstadtufer, Schokoladenseite, innigste Partie...
Bin gebannt von diesen früh vertrauten Umrißlinien.
Schließ die Augen: auf den Lidern, innen, siehst du sie.
Schwarz vorm Abendhimmel, etwas andre Pinien,
Ragen Kuppeln, Glockentürme. Seltsam nah
Aus der Ferne geht dir dieser Haufen alter Steine.
Eine Lichtung in der Zeit dies, in *pittura metafisica*,
Und ein Hymnus, den der Raum sich sang zum Eigenlob.
Hier, in eins geführt, zeigt eine Stadt sich als das Eine
Ihren Nachgebornen, ein Ensemble, psychotrop.

33

Schweben wollten sie hier, wie Brahmanen sitzen
In den südlich milden Lüften. Alle Daseinsschwere
War verpönt. Undenkbar, so wie diese Preußenfritzen
Leben müssen, täglich darbend auf dem Feld der Ehre.
Überhaupt, die Preußen. Feinde jeder Lebensart,
Bauern waren das, dressiertes Vieh, in Zelten hausend.
Ach, auch Dresden blieb ihr Auftritt nicht erspart.
Polternd fielen sie ins Haus, gestiefelte Banausen.
Wo das hinkam, glich Europa bald – frei nach Voltaire –
Einem Marsfeld, einem ausgedehnten *cimetière.*

34

Dieses Attentat im Juli … Stell dir vor, es wäre
Nichts geblieben von dem Kerl als im Beton ein Loch.
Längst vergessen könnt sie sein, die leidige Affäre.
Waffenstillstand, Ende gut, und Dresden stünde noch?
Kein Berlin-Finale, keine Landung in der Normandie,
Über Nacht verscheucht die Geister, die man rief?
»Denkt man nicht: was wär gewesen, wenn?« »Ich nie.«
Schlimmer noch als diese – eine Welt im Konjunktiv.
Würde, könnte, hätte: wie sich das nach Aufschub sehnt.
Hans, der Träumer, reibt die Äuglein sich und gähnt.

35

Einmal, heißts, geschah an diesem Ort ein Wunder.
Elbeabwärts trieb ein Kreuz im Wasser, daran hing
Ein verkohlter Christus, und die braven Leute
Fischten ihn heraus. – Nun gut, Holz geht nicht unter.
Dennoch, es begab sich, daß manch Frommer Feuer fing.
Dresden wurde Wallfahrtsziel. Die Stadt, bis heute
Zieht sie ihre Pilger an mit Gold und Edelstein.
Hof und Adel waren – taktvoll – religiös geteilt.
Was sie einte, Ökumene und Reliquienschrein,
War ein Schönheitssinn, der schließlich alle Wunden heilt.

36

… O George! Die in deiner Rundung saßen,
Stumm im Sturm der Orgel, weiß man, was sie dachten?
Wie der Mensch so ist, der Christ, er rümpft die Nase
Über seinesgleichen. Er verkennt leicht und verachtet.
Gottesdienst, und nur vermuten läßt sich, er war da,
Brudergeist, im Chorraum unerkannt: Sebastian Bach.
Solcherart sind sie, die Wunder, die dort oft geschahn.
Der streift *den*. Und Bähr plus Bach ergab ein neues All.
H-Moll-Messe, Kunst der Fuge heißt: es dauert an –
Dieses Pensum, Mensch zu sein. *In-fi-ni-te-si-mal.*

37

Dieses Dröhnen … »Wer dabei war, der vergißt es nie.«
In Geschwaderblöcken flog sie hin – die Großfabrik
Death/Destruction, Walzwerk *Airforce*, Hunderte Maschinen.
Endlich, Dresdens letztes Stündlein war herangerückt.
Voralarm und Hauptalarm, und dann erschien es selbst,
Seine Majestät: das Fatum. Weiße Lichtkaskaden:
Und das Elbtal lag wie vom Magnesiumblitz erhellt.
Du da, *masterbomber* – unten, den antiken Chor,
Hast du ihn gehört? Die Leute, rochen sie den Braten?
Keine Suchscheinwerfer mehr. Was dann kam? *Vis maior.*

38

»Is that all there is?«
Amerikanischer Song

»Donnerschlag«. Das wars. Und von der Stadt am Morgen
Wie von Troja blieb, Pompeji, nur ein Trümmerfeld.
Gog und Magog torkelnd unterm Blick der Gorgo …
Eingestürzt das meiste, manches schwankt noch, andres fällt
Erst nach Tagen. Niemand singt »Wie liegt die Stadt so wüst«.
Kein Aeneas, huckepack den Vater, zukunftsfroh …
Schrecklich für die eigne Blindheit haben sie gebüßt.
Und fünf Wochen lang, am Altmarkt, schauen Pferde zu,
Wie auf Eisenrosten Leichen brennen, scharren Stroh.
Larmoyanz? Ach, spätes Seelchen du, gib endlich Ruh.

39

Seither schweigt sie. Schweigt wie eine, die den Ton verlor,
Meine Stadt am Fluß, von Fernstenliebe ungerührt.
Wer hier weggeht, den vergißt sie. Und den Trauerflor
Hat sie gründlich satt. So von Geschichte angepißt
Ist hier jede Ecke, daß kein Platz blieb für Allüren.
Aus dem Herzen sprach ihr der belauschte Komponist,
Lissabon erinnernd und die Kränkung der Musik.
Auferstehung? Sie erträgt auch dies, und reserviert
Sinkt sie schweigend in ihr altes Spiegelbild zurück.
Auch den Nachruf nahm sie hin. Die Letzten Lieder, vier.

Was, ihr kennt sie nicht, die Story? Nichts gehört von ihr,
Mutters Puppe, goldnes Flachshaar, das nie wiederkommt?
Dresden brannte, und des Mädchens Rosi (zarte vier)
Frühe Welt versank mitsamt der Kinderstube. *Ausgebombt*:
Nicht auf Taubenfüßen, leis, schleicht so ein Wort heran.
Nein, mit *Guuuu! & Huiiii! & Rummps!* Was ringsum gellte,
Waren Schreie, nie zuvor gehört. – Haushohe Flammen
Saugten Luft in tiefen Straßenzügen, lichterloh erhellt.
Kein *Tatü-tata* half da. Im Sturm verloren, kleine Boje,
Trieb es hin, das Kind, vieltausendfach vom Tod bedroht.

41

Wie es ausging? Ach, die Puppe überstand den Sturm
Unversehrt, soweit ich weiß. Früh, in den Schlaf gewiegt,
Hielt sie fest in Armen, schnarchend, der verlorne Wurm.
Jemand sang noch lange »Flieg, Maikäfer, flieg«
Dort im Keller. Gott sei Dank, das Kind war nicht allein.
Eine Tante gab es, und beherzt im letzten Höllenkreis,
An der Hand der ältern Schwester macht man kein Theater.
Inge hieß sie, Inge. Sah so aus, als könnt es weinen,
Dieses Stoffding – wie aus Mitleid mit den Beinah-Waisen.
Mutter lag im Krankenhaus, in Rußlands Weiten Vater.

42

Stop, wer spricht da? Dieses Schlitzohr, ist er Sachse?
Beißt sich durch die Gestrigkeiten, Clown und Historist,
Scherbensammler, Freizeit-Christ. Treibt seine Faxen
Mit der Scham, der Schande. Was uns Schicksal ist,
Scheint ihm Hekuba, dem Pimpf da, Pionier. Das flennt
Dicke Tränen und weiß nichts vom Heulen der Sirenen.
Keinen Schimmer, was das ist: die Stabbrandbombe.
Diese Brut, die Krieg nur aus den Kinosesseln kennt,
Popcorn futternd dort im Dunkel, weit zurückgelehnt –
Schatten, Schulstoff-Wiederkäuer, Nachkriegs-Zombies.

43

Wenn ihr wüßtet, Tote, was ein Kind heut … Ach, ihr wißt.
Euch was vorzumachen, grenzt an Hybris. Lieber
Schau ich auf die Elbe, trau den *bombing analysts.*
Ihre Zahlen, ihre Fakten sind uns über.
Dreißigtausend. Oder mehr? Ein Kreuz im Planquadrat,
Das war Dresden und sonst nichts. Kein Ort für Hiob.
Weder Ninive noch Sodom. Ging, laut Kriegsbericht,
Bei *der* Altbaudichte nicht vollkommen auf die Saat?
Eine Hure, klagt Herr Goebbels: die Geschichte.
Dresdens Untergang, erwidert sie – »Ein bloßer Job«.

44

»Ich war dabei, als Hitler an die Macht kam. Ich war dabei, als meine jüdischen Nachbarn abtransportiert wurden. Ich war dabei, als Dresden unterging.«

Friedrich Reck

Einmal ging er dort, gelangweilt à la Baudelaire …
Postplatz, Altmarkt, Prager Straße, einst ein Boulevard.
Im Beton verrecken werden sie. Es ward ihm schwer,
Sein entblößtes Herz, für soviel leeren Raum zu zart.
This heart sails, verlaßt euch drauf, bis übern Rand.
Unerschütterlich, hat es sich angewöhnt zu büßen
Für so gut wie alles, was je schiefging hierzulande.
Alltag, Alltag … klingt nach Streß und Psychoanalyse.
Damals dachte er noch, diesen Frieden, jede Wette,
Überlebst du, in den Kalten Krieg tief eingebettet.

45

Eine Schönheit war sie, schwatzhaft, üppig, provinziell.
Um die Hüfte, silbern, lag als Schärpe ihr der Fluß,
Der bei Vollmond lockte. Und wie hat man sie entstellt,
Arme Galatea. Springt man so mit Frauen um?
Schwäne zierten sein Service – und so aus einem Guß
Wie des Grafen Brühl Geschirr war sie, die kurvenreiche.
Schokoladenmädchen, stolzes, bist vor Schreck verstummt,
Als die Muscheln platzten und die Schnecken und Delphine
Berstend in die Tiefe sanken, die kein Wort erreicht.
Wer versteckt schon Munition in Porzellan-Terrinen?

Sieh dich vor, du! – raunt der Mann im Ohr, ein Realist.
Leicht verletzt sich, wer wie du mit alten Scherben spielt.
Merkst du auch, wann du zu weit gegangen bist?
Porzellan: das ist, als ob man durch ein Brennglas schielt.
Spieglein, Spieglein, gönn mir untern Spitzenrock den Blick.
Zeig sie mir, die Röschen … säuselt der Barock-Voyeur.
Sieh den Stieglitz, der an Büscheln blauer Trauben pickt
Auf dem Früchtekörbchen, kannst ihn beinah zwitschern hörn.
Harlekine, dich ruf ich als Zeugin: wie es war.
Meißner Wunderwelt, noch tröstet mich ihr *l'art pour l'art.*

47

»Dreck. Trockener, angemachter, aufgeweichter Dreck...
Breitausgetretener, sauber abgestochener Dreck
Bemalt, glasiert, verklärter Dreck...«
Rudolf Borchardt / Nomina odiosa

Kurz nach Jalta war das, als sie fiel. Streng aufgeteilt
War die Alte Welt jetzt für die nächsten fünfzig Jahre.
Gibts denn sowas? – Eine Wunde, die nie wieder heilt?
Melancholia ... Feuersturm ... und täglich Tanz der Laren
Um den wunden, nie verwundnen Punkt. Und man sieht rot,
Sohn der Stadt, zu spät gekommen, Ritter Don Quijote,
Träumt man neu den Ohnmachtstraum, hört das *Vorbei, vorbei.*
»Kein Ballast mehr, um so besser ...«, tönte ein Herr Ley
Wie seither so mancher Elefant im Porzellangeschäft.
Что останется, Stalin? Churchill, Roosevelt, *what's left*?

Martha? Heinrich? Ach, an euch hab ich zuletzt gedacht.
Erste Küsse, längst war Krieg, und halbe Kinder ihr,
Seid in Uniformen aufgewachsen bis zu jener Nacht.
Du im Flakturm, Mädel, du auf Fronturlaub, Soldat –
Beide zitternd, und der Rundfunk spielte Rosenkavalier.
Sempers Oper liegt verdunkelt. Überm Meßtischblatt
Fern im Bunker tobt ein Feldherr, der nur eins versteht.
Happy-End, das gab es sonntags nur, im Lichtspielhaus.
Jetzt war Dienstag, Dunkel, *doomsday*. Und es war zu spät
Für die beiden. Weiße Rose, silberne: das Lied ist aus.

49

»Nein! frechere Wette verliert man nicht,
Als an der Elbe ich dazumalen.«
Goethe / Dresden, den 15. August 1813

Komm ins Zentrum. Und wo liegt das? Unterm Stolperstein
Dir zu Füßen, tief im Erdreich. – Bleib da, geh nicht weiter.
Wo der Staub noch flüstert, dreht sich: eine Welt im kleinen.
Falkner sind da, Winzer, Nymphen mit dem Muschelhorn
Oder Putten, froschgesichtig, Schwan- und Seepferd-Reiter.
Schäfergruppen, schöne Gärtnerinnen, Fabeltiere …
Porzellan – zerbrechlichstes. Warn sie nicht früh verloren,
Diese heiklen Formen. Worum gehts hier? – Einer lauscht,
Was die Töchter Mnemosynes ihm diktieren.
Und er tauscht die Zeiten, Räume, Maße, tauscht und tauscht.

Geschrieben zwischen 1992 und 2005

Hahn Dresden   Dresden – Zwinger, Stadtpavillon   8005

Erste Auflage dieser Ausgabe 2023

Umschlaggestaltung nach Entwürfen
von hißmann, heilmann, hamburg
Druck: Books on Demand GmbH, Norderstedt
Printed in Germany
ISBN 978-3-518-24346-6

www.suhrkamp.de

Suhrkamp Verlag GmbH
Torstraße 44, 10119 Berlin
info@suhrkamp.de
www.suhrkamp.de